ALLOCUTION

PRONONCÉE EN

L'ÉGLISE D'ARCY - LE - PONSARD

Le 10 Avril 1902

POUR LE MARIAGE

de Monsieur Philibert

DE JUNET D'AIGLEPIERRE

ET

de Mademoiselle Marguerite-Marie

BALAHU DE NOIRON

PAR

Monseigneur AUGUSTIN MARRE

Évêque de Constance

Abbé d'Igny

ALLOCUTION

L'ÉGLISE D'ARCY - LE - PONSARD

Le 10 Avril 1902

POUR LE MARIAGE

de Monsieur Philibert

·DE JUNET D'AIGLEPIERRE

ET

de Mademoiselle Marguerite-Marie

BALAHU DE NOIRON

PAR

Monseigneur AUGUSTIN MARRE

Évêque de Constance

Abbé d'Igny

MADEMOISELLE,

MONSIEUR,

Parmi les choses heureuses d'un monde où il y en a si peu, parmi les rares spectacles de bonheur auxquels la bénédiction des Cieux n'a pas été refusée, je ne sais s'il en est de plus touchant et de plus beau que de voir un jeune chrétien avec la fiancée de son choix, tous deux prosternés au pied d'un même autel, et recevant humblement de la main de Dieu la bénédiction de leur alliance.

Trop souvent, hélas ! le mariage n'est aux yeux de ceux qui le contractent qu'une union établie par la nature, un contrat réglé par les lois civiles, un acte de société qui met en commun les biens des deux époux. Et Dieu sait quelle garantie de bonheur présente une telle alliance pour ceux qui la contractent !

Votre mariage, CHERS FIANCÉS, nous offre un spectacle bien différent, avec des garanties de bonheur incontestablement plus solides. Pour vous, le mariage est l'union, devant Dieu, de deux âmes qui désirent, avec la grâce du Sacrement, se perfectionner, s'aimer, donner des enfants à l'Eglise et des saints au Ciel. Vous voulez que l'image du Christ rayonne sur votre nouveau foyer pour en être la sauvegarde et la joie. Vous voulez que le caractère et la vertu en soient le principal ornement. Vous voulez que les liens de respect, de tendresse et de secours mutuels qu'une heure bénie a formés, se resserrent chaque jour davantage, et durent une éternité !

Ils ont été heureusement inspirés, les Anges gardiens de vos familles qui ont si bien préparé une union comme celle que nous allons bénir ! Vous étiez éloignés, inconnus l'un à l'autre, et puis le Maître de toute vie humaine vous a rapprochés. Il s'est rencontré deux familles profondément chrétiennes, connaissant les vrais trésors de la vie, estimant avec raison que les traditions d'honneur, de charité, d'esprit chrétien sont le meilleur patrimoine des familles.

Vos ancêtres, MONSIEUR, furent des vaillants. Ils ont tiré l'épée pour défendre les droits du Christ et de sa sainte Église, et, pour prix de leurs services, Notre Seigneur détacha en leur faveur, par la main de ses Pontifes, un fleuron de sa Couronne. Ce n'était qu'une Épine, mais une Épine plus précieuse que l'or et les diamants, une Épine empourprée du sang d'un Dieu, une Épine, ornement du seul diadème que le Sauveur du monde voulut porter ici-bas. Votre famille a le bonheur de posséder encore ce don vraiment royal.

Vous vous en souviendrez, MONSIEUR, et vous voudrez continuer les nobles traditions de vos illustres ancêtres. La lutte du mal contre le bien n'a pas cessé, elle a seulement changé de terrain. Aux modernes ennemis du Christ et de sa sainte Église vous opposerez, non pas le glaive qui tue, mais le bon exemple qui vivifie : une foi toujours soumise à tous les enseignements, à toutes les directions du Saint-Siège, une vie franchement chrétienne, ne se confinant pas au sanctuaire de la famille, mais étendant tout autour d'elle sa salutaire influence. Vous le faites déjà, je le sais, mais en devenant chef de famille, vous le ferez encore avec plus d'autorité et de succès.

Les de Noiron, MADEMOISELLE, ont gardé toutes les traditions, toutes les vertus qui furent l'honneur de leurs ancêtres. Votre si regretté père était leur digne héritier. Aussi, pour récompenser les services rendus à l'Église par votre famille, le Vicaire de Jésus-Christ a-t-il voulu l'honorer d'un titre qui est la plus haute et la plus flatteuse distinction que des chrétiens puissent désirer.

J'ai parlé de vos ancêtres, mais il est deux noms qu'il m'est doux de rappeler : Madame de Bussières et Madame de Noiron... Vos vénérables aïeules ont laissé des exemples de vertu dont le souvenir restera impérissable. En vous les rappelant, je crois faire le plus bel éloge de votre famille et vous offrir les plus beaux modèles d'une femme vraiment chrétienne. Vous connaissez leur vie ; laissez-moi cependant attirer votre attention sur une lettre que Madame de Bussières adressait à sa fille pour lui tracer une ligne de conduite au moment de son entrée dans le monde. Cette lettre mérite d'être placée dans votre corbeille de mariage ; elle fait partie de votre patrimoine ; c'est un écrin qui contient des perles précieuses. Vous saurez, MADEMOISELLE, vous en faire une parure qui, en vous méritant l'estime des hommes, attirera sur vous les regards et les bénédictions de Dieu.

Ainsi, MADEMOISELLE, MONSIEUR, nous trouvons ici réunies toutes les traditions chrétiennes, chevaleresques et françaises. Vous les conserverez avec un soin jaloux au foyer que vous allez fonder.

Et maintenant... l'Eglise va vous bénir.

L'inconstance de la vie est telle qu'il faut ici une bénédiction grave, solennelle, éternelle. L'homme ne séparera pas ce que Dieu aura uni. Jésus, notre Maître, a voulu faire un sacrement de cette union si importante et si grave de l'homme et de la femme. Le siècle, celui qui ne connaît pas Jésus, ne juge pas ainsi, mais il se trompe et court vers toute ruine, parce qu'en affaiblissant le mariage il détruit dans sa base la famille et il supprime le vrai et essentiel soutien de toute société honnête, durable et forte.

Recevez cette bénédiction avec foi et avec confiance.

Vos deux nacelles s'en allaient naguère un peu flottantes, ici et là, incertaines, sans but absolu et sans étoile unique pour les guider ou leur servir de phare. Il n'en sera plus de même maintenant : vos cœurs unis vous serviront tout à la fois de guide et de moteur.

Oh ! qu'elle est belle cette affection pure et noble que vient sanctifier l'Eglise à cette heure. Vous vous dites l'un à l'autre : « C'est pour toujours ! » Quel bonheur, quelle sécurité dans cette affection et dans ces énergiques et résolus vouloirs ! Que Dieu bénisse votre union ! Que la Sainte Vierge, notre bonne Mère du Ciel, la bénisse aussi.

J'ai la confiance que le bon Dieu lève en ce moment un coin du voile qui sépare

les habitants de la Patrie céleste de nous,
et que les âmes bienheureuses de vos
chers défunts partagent la joie de ceux
qui vous entourent, et vous bénissent aussi.

Pour moi, au pied des autels, en vous
consacrant à jamais époux devant Dieu,
je vous désire une grande âme et un
grand cœur â tous deux, pour toujours ;
je vous souhaite de vraies vertus chrétiennes, plus tard une belle famille, et
aussi toutes les prospérités humaines envia-
bles et en harmonie avec votre situation.
Puis surtout, je vous souhaite de comprendre
que vous portez votre bonheur en vous-
mêmes : vous pouvez et vous devez en
être les auteurs. Ne regardez pas trop autour
de vous dans le monde, car les apparences
y sont vaines, éblouissantes, trompeuses.
Fuyez la vanité ; tous les vrais éléments de
bonheur, vous les avez aujourd'hui ; sachez
les conserver dans la simplicité, et faites-les
fructifier.

Mon dernier souhait, le voici : c'est qu'un jour, bien tard, bien tard, je le veux et je le demande ! c'est qu'un jour, blanchis par l'âge, mais vous aimant toujours, vous disiez : « Oh ! la vie nous fut douce ; oui, si j'étais à l'aurore du siècle, c'est vous, mon époux, que je choisirais, que je voudrais encore et que je prendrais !... » — « Oui, c'est vous aussi, mon épouse, vous, l'élue de mon cœur, que je désirerais entre toutes ; je ne voudrais pas d'autre destinée que celle qui me fut faite ; par vous aussi, la vie me fut bien bonne et bien douce. »

Puissiez-vous parler ainsi, MONSIEUR et MADEMOISELLE, après un demi-siècle ; et si ce bonheur, le plus grand de tous, vous est donné, comme je vais le demander à Dieu, alors il n'y aura plus qu'à regarder en haut et vous continuer à jamais dans le ciel cette amitié sainte et pure que vous allez vous jurer au pied des autels !

REIMS. — IMP. LUCIEN MONCE, 75, RUE CHANZY.

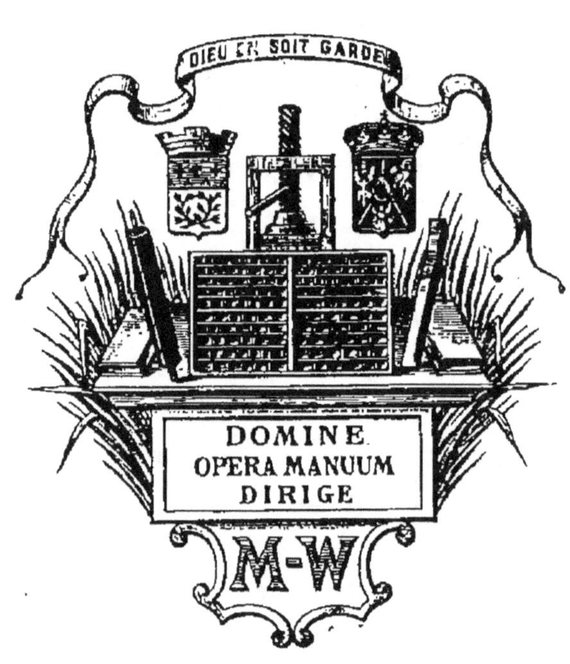

DIEU EN SOIT GARDE
DOMINE
OPERA MANUUM
DIRIGE
M-W

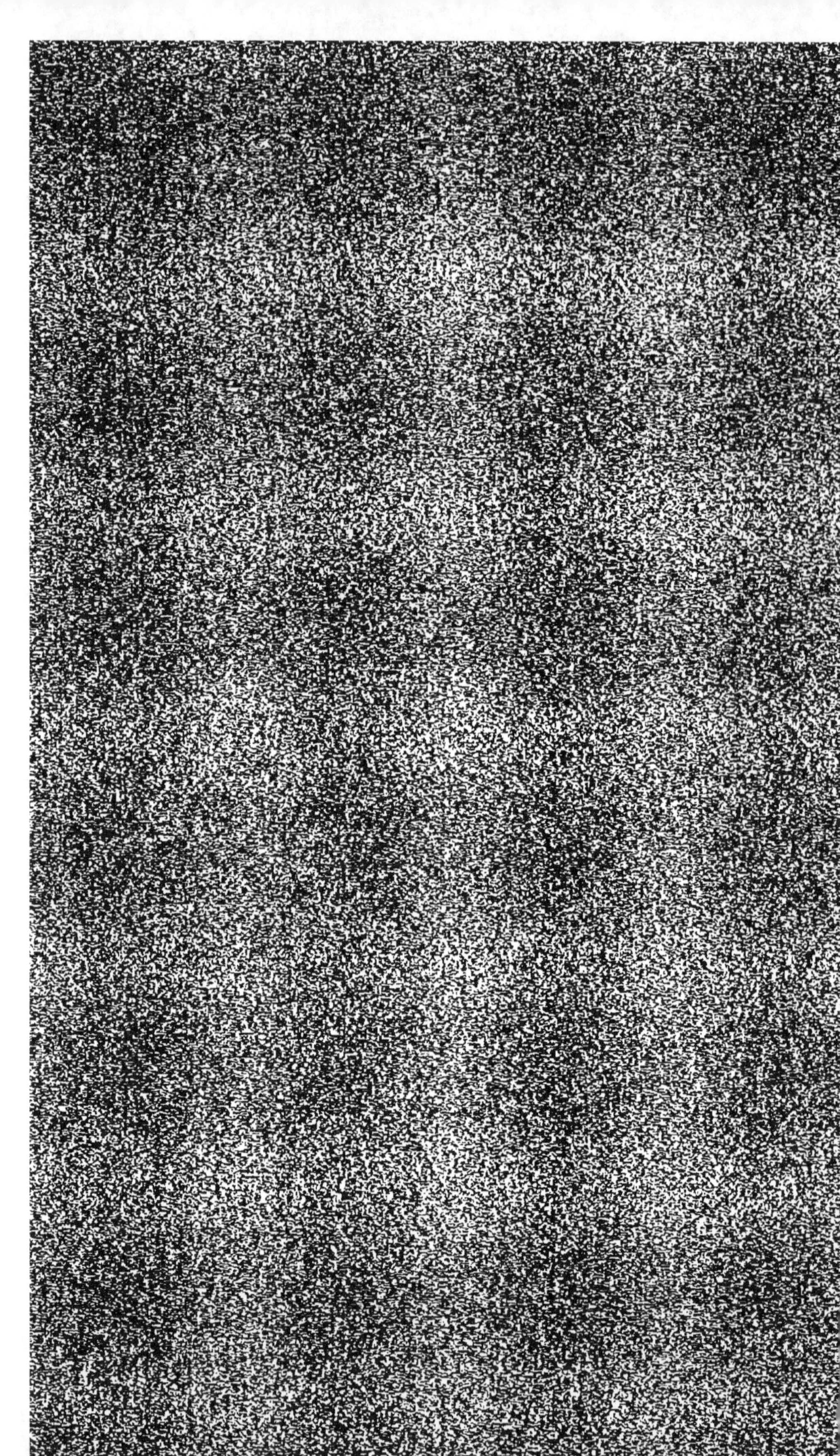